JN418749

아, 두만강

아, 두만강

지은이 | 박정희
펴낸이 | 一庚 張少任
펴낸곳 | 도서출판 답게

초판 인쇄 | 2013년 9월 10일
초판 발행 | 2013년 9월 15일

등 록 | 1990년 2월 28일, 제 21-140호
주 소 | 143-838 서울시 광진구 군자동 469-10호(2층)
전 화 | (편집) 02) 469-0464, 02) 462-0464
(영업) 02) 463-0464, 498-0464
팩 스 | 02) 498-0463

홈페이지 | www.dapgae.co.kr
e-mail | dapgae@gmail.com, dapgae@korea.com

ISBN 978-89-7574-259-0

나답게 · 우리답게 · 책답게

* 책값은 뒤표지에 있습니다.
* 잘못 만들어진 책은 구입하신 서점에서 교환해 드립니다.

박정희 시집

아, 두만강

도서출판 답게

■ 시인의 말

갑자기 '두만강'이 밀려왔다.

지난 시대 격랑의 파도를 헤치고 떠올랐던 파인(巴人)의 '국경의 밤'과 함께 수면 위로 벅차게 밀려왔다.

'두만강 뱃사공'을 기다리다 수년 전 떠나가신 어머니가 보이고, 북간도 용정에서 갈래머리 여학교를 다녔다던 흑백 영상이 나의 무딘 쪽지글로 구석구석에서 쏟아져 나왔다.

올해로 등단 55년, 겨우 열 번째 시집을 묶어들고 오래 서성이다 물가에 내려놓는다. 시대는 가고 사람도 가지만 강물은 제자리에서 흐르고 있다.

2013년 초가을
박정희

■ 차례

2부 천년의 웃음

3부 맹물

4부　연초록은 떨고

5부 오래된 노을

1부

아, 두만강

일송정 그 나무
— 아, 두만강

알몸에
풀잎을 덮는다

앉았다
일어났다
어둠에서 건져낸
실밥으로
새벽을 엮는다

보리 한 톨
참깨 한 알
뼈와 살이 비벼낸
소리는 그 뒤에 흐른다

나무 꼬챙이
앞뒤에서 찔린 자국

구멍 숭숭 뚫어진
허기진 가벼움은 훨훨
수월하다

앉았다
일어났다
알몸에
풀잎을 덮는다

아직도 어두운
이 새벽

겨울 동화
— 아, 두만강

겨울에 음악은
물주전자를 춤추게 하고
구멍 뚫린 모직소매로
창 넘어 추위를 감싸 들인다
눈길에 떨어진
인형 머리의 리본을 찾아내고
성냥팔이 소녀와
과자를 주우러 같이 간다
음악은 주전자의
더운 입김으로 돌아와
유리창 얼음꽃을 그려주고
얼음 한가운데 웃고 있는
러시아의 마지막 공주를 만난다

만나기 좋은
— 아, 두만강

길 잃은 사람은
돌아오는 길을 안다

잃어버린 사랑은
기다리다 만나기 좋은
문턱을 안다
밤새워 뒹구는 병치레
아파본 상처가
먼저 알고

꽃을 먹고
뿌리를 씹고
기어가는 법을 배운다

기다리고
기다리다 만나서
기뻐하는 몸짓조차
잊어버린 날

만나기 좋은 아침에
기쁨도 부끄러이
연습하며
웃어본다

늑대
— 아, 두만강

늑대는
추위 속에 혹독하게
사는 법을
익혔다

눈길을 달려
허기진 야성으로
먹이를 물어 와도
한 모금 마음대로
삼킬 수 없음을
길들였다

던져주는 핏덩이만 먹고
달밤에 늑대가 울면
산 아래가 따라 운다

수수만년 지켜온 고향이
따라서 운다

거기 누군가 서 있다

— 아, 두만강

아직 거기 누군가 서 있다
깨지지 않은 물새 알을 품고 서 있다
바람은 차고 추위는 더해지는데
강둑에 홀로 서서
피묻은 새 다리를 어루만진다

두근거리는 새 가슴은 어디로 갔는가
가느다란 숨소리만 곁에 있으면
웅덩이 속도 더듬더듬 길이 보인다

땅바닥을 맨손으로 피나게 문질러
풀 가시 하나 없는
너럭바위에 이르는 골목

한목숨 할딱이는 물새 알 알 알
눈 비벼 헤아리면 별빛도 따라온다

아직도 그는 거기 서 있다
깨지지 않은 새알을 품고

물병 안의 글씨
— 아, 두만강

이제는 건널 수 없는 강
두만강 하구 러시아 해변에
희뿌연 폐품이 떠올랐다
파도에 휩쓸려온 한국제 플라스틱 생수병
물병 안에는 글씨가 들어 있다
사나흘 전 남녘 동해안에서 쓴 글씨가

— 이제 그만인가요
　몸부림으로
　흔들어대던 소나무 가지 끝의 손가락 편지
　기다리자 기다리자
　이제 그만인가요
　여름날 아침 시원한 물 한 사발로
　씻어내자 씻어내자 해 놓고
　영영 그만인가요

　봄날이 가면서

약이 되는 나물이 지천인데
달여 마시고 우려 마시고
다시 기다리자 씻어내자 하면서
이제 '그만'이란 말
하지 말아요
눈앞이 캄캄한 그 말만
하지 말아요

거기 지금은 두만강 하구 러시아 땅
한 때는 우리땅 고구려였다가 잃어버리고
고려의 공민왕이 되찾았다 다시 잃어버린 곳
아직도 흙 속에서 물속에서
옛 항아리가 나오고
숟가락이 나오는데
이제 '그만'이란 말
하지 말아요

얼음강의 신음
— 아, 두만강

얼음은 금이 가고
갈라질 때
입술을 연다
최초의 입김으로
찢어지는 신음을 낸다

얼음 강 밑으로
죽어서 흐르던 핏줄도
깨진 얼음벽에 기대어
꿈틀 일어난다

녹아라
녹아라
녹기 전에 갈라진
얼음벽 사이
날아가던 물새가 물끄러미
들여다본다

비 냄새
— 아, 두만강

비 냄새 속에
그의 주머니가 열린다
주머니 속 도토리
하루의 땀 냄새가 열린다
종이와 잉크 냄새가 꼬깃꼬깃
함께 비를 맞는다
주머니는 더듬더듬
비 냄새 흙냄새를 섞으며
비릿하게 문이 열리는 등불
불 밝힌 작은 방이 오목하다

비는 고춧잎을 적시고
단발머리를 적시고
물미역을 씻어낸다
비는 젖줄을 쏟아
미끄러운 첫 아기를 받아낸다

그의 주머니 속 도토리가 열린다

철길에서

— 아, 두만강

뚫어진 허공으로 열차가 들어온다
흰 수염의 가출과
도망친 임신이 걸어 들어온다
멈춰선 열차는 히쭉 웃었다

멀어지는 그림자만큼 별빛이 흐른다
톨스토이는 '누구'신지를 잊어버리고
카츄샤는 검은 '망토'를 날려버리고
열차는 찬 얼음을 밀며 슬쩍 웃었다

어디다 놓고 왔을까, 녹색 시대
눈밭에 치마폭을 깔고 앉아
무말랭이를 펼쳐 놓고
전쟁과 평화는 돌아서서 몰래 웃었다

순은의 백색 수염은 바람에 날개를 감추고
더운물에 우려낸 옥수수 밑으로 발가락을 내밀
었다

도망친 임신은 더듬어 수염을 만진다
봄 강물 메기처럼 파르르 웃는다

털모자 소년

— 아, 두만강

눈 덮인 굴뚝에 연기가 핀다
털모자 소년이 밥상에 앉는다
누나와 할배는 말이 없고
감자와 간장 종지만 동그랗게
부딪힌다
동그란 축구공이 부딪힌다

지난여름 물난리에
누나를 구해놓고 아버지가 가고
뒤따라 그림자처럼 어머니가 가고
두만강이 보이는 언덕에 나란히
묻혔다

사람들은 명태를 잡으면서
그 일을 잊었는가
장때 끝에 명태를 말리면서
그리 쉽게 잊었는가

흐릿하게 저물녘
작아지는 무덤이
동그란 축구공으로 굴러 와
벽을 향해
벽을 향해
공을 찬다

위화도*

— 아, 두만강

'위화도'가 어딘가요
압록강에서 얼마나 가까운지
모른다 하고
두만강에서 얼마나 먼 곳인지
모른다 한다

말이 달리다 목을 꺾고
돌아선 역사는 어디 있나요
압록강 두만강에서 위화도는
거기서 거기
옛 땅을 휘감아 강물은
흐르고 있다

부르면 들리는 듯
강 건너 사람들
아무것도 모르는
텅 빈 얼굴이다

모른다 모른다 하는
텅 빈 눈알이다

*위화도: 고려 말, 이성계(李成桂)가 왕명으로 중국 명나라를 치러 가다가 압록강 위화도에서 군사를 돌려 개경(開京)으로 쳐들어온 사건.

흙손은 찾고 있다
— 아, 두만강

흙손은 따스한데
맞잡을 손목이 없구나

가늘고
아리고
차가운 손목
낮은 땅에 아직도
높이 걸린 수건은 흩날린다
나무 곁으로 바위 곁으로
돌아서 돌아서 흩날린다

어디서 얇은 홑치마 바람으로
떨고 있는가

강줄기를 느릿느릿 흐르게 하고
시간의 토막토막
더디게 이어주면
나타날까

따스한 흙손에 찐 감자 한 아름
호호 입김 불며 맛잡을 수 있을까
눈시울 그렁그렁
말랑한 손목

귀양길은 멀더라
— 아, 두만강

북녘땅 귀양길은 멀더라
죄 없는 손바닥 펴들고
지워진 손금으로
얼음장을 깎으려 했는데

모르고 가는 길은 춥더라

삼(三)수(水)갑(甲)산(山)이라 했던가
소월(素月)은 먼저 가서
오지 말라 하던 길

삼수갑산에도
꽃은 피려나
눈 녹은 흙 한 줌 코에 비비면
매콤한 저녁연기
그 곁으로 곁으로
이제 봄은 오려나

북녘땅 귀양길은 멀더라
너무 멀더라

숟가락
— 아, 두만강

숟가락을 입에 대면
눈물이 난다

밥풀을 물고 매 맞는 아이처럼
목이 등으로 꺾인다

흙을 파면 숟가락이 나온다
봄날 흙 속에서는
숟가락들이 다투어 올라온다

수백 수천 년을 긁어내려
한 모금씩 운반하던
돌 숟가락
쇠숟가락
나무 숟가락

신발이 놓인 자리
숯불이 타던 자리

눈물에 말아 겨우겨우 목을 넘긴
꽁보리
한 숟가락이 올라온다

백두산 호랑이

— 아, 두만강

백두산 호랑이를 그리면서
아버지는 북녘의 할아버지를 본다
할아버지를 부를 땐
아버지도 철부지 아이가 된다

비 오는 날은
하느님도 운다
말 못하는 전화기를 붙잡고
발을 동동 구를 땐
기계가 알아서
먼저 운다

북녘의 할아버지를 부를 때
문간의 기침소리 무섭던 아버지도 별수 없이
아이처럼 주저앉아 몸부림친다

이제 되었소
— 아, 두만강

거기 누구요
뉘긴가 말이요

나요
나 두만강이요

살았어요
살아 있었어요

잊지는 않았소
미워하지 않았소

어찌 잊을 수가 있겠소
어찌 미워할 수가 있단 말이요

죽은 줄만 알고
잊으려 잊으려 했는데
살았구려 살았구려

살았으니 되었소
이제 다 되었소

슬픈 모던보이
— 아, 두만강

'러일전쟁*'때
할아버지가
러시아에 끌려갔다

러시아와 일본의 전쟁에서
조선 사람이
왜?
할아버지도 모른다

함경도 길주 땅에서
남도소리 좋아하며
'목포집'에 드나들던 한량이
러시아에 끌려갔다 돌아왔다
양복 만드는
노역을 하다 양복 한 벌 얻어 입고
돌아왔다

양복을 걸친 모던보이는
3·1 만세를 부르다
또 한 번 끌려갔다

두루마기 휘날리던
한량이
양복을 바꿔 입은 모던보이가
만세를 부르다 끌려갔다

끌려가고
끌려오고
남도소리 청아하지만
'전쟁'에 대해
아무도
아무 말도 하지 않았다

*러일전쟁: 러시아와 일본 사이에 일어난 전쟁. 1904년에 한반도와 만주에 대한 지배권을 둘러싸고 발발.

다시 만날 때

— 아, 두만강

죽기 전에
만날 수 있을까

만나자
만나자
노래하지만

헤어지고
못 만난 지 너무 너무 오래
영영
우물 속에 가라앉아도
때가 오면
다시 만날 때가 오면

찬물로 세수하고
거울 앞에 서리
이끼 낀
얼룩을 지우리

알아볼 수 없는
가물가물 어두운 강 헤엄쳐
젊은 날 배고픔을 부여잡듯

만나자
만나자
소리 지르며

죽기 전에
껴안을 수 있을까
우리 앳띤 사랑

2부

천년의 웃음

그대 곁에서

그대 곁에
우두커니 조용하면
닮아볼 수 있을까
닮아볼 수 없어도
비슷한 호젓한
척추를 세울 수 있을까

숨어들어
우두커니 조용하면
그림자는 몰라도
옷자락의 흔적을 만질 수 있을까

곁에서
우두커니 장승이 되어
곁에 살 수 있다는 게
얼마나 좋은가

장승이 되어
조용할수록
갈대도 산새도
얼씬 않는다
아무것도 없다
없다는 그것조차
알게 한다

우두커니
흙으로 만든 건강이
일러준다
오래 촌스럽게
건강하라고

자유로워

웅크렸다 터질 만큼
자유로워 본 적이 있나
4월의 바람으로
머리 감을 줄 모르고
꽃무늬를 입고
꽃이 될 줄 모르고
젖은 모자를 썼다가 벗을 줄도 모른다
돌탑은 쌓을수록 높이가 오르고
울타리는 제자리를 돌고 나면
천하가 보인다
주어진 자유를 펼쳐 들고도
어디에 써먹을지
어찌할 바를 몰라
허리춤에 구겨 넣는다
집으로 오는 길
흙 묻은 발길은
아직 미쳐버릴 시간을
남겨두고 있다

좋은 음악

좋은 음악은
슬픈 정원에 어울린다

좋은 사람이 가난할 때 빛나듯

나란히 앉았다
떠난 자리에 안개

갈 길 따로 멀어져
영영 볼 수 없어도
그 나무 밑에
햇살은 맑다

낡은 악기가
슬픈 음악을 끌어안는다
이별은 피아노가
죽음은 바이올린이 어울린다

음악은
좋은 사람이 피나게 가난할 때

깨끗한
한 방울로 남는다

말을 찾는

말을 잃은 사람이 많다
더듬더듬 할 말을 찾는 동안
우리는
기다려야 한다

아픈 사람이
자리를 털고 일어나
걸어 나오는 동안
햇살은 오래 기다리고 있다

죽어가는 사람의 입에
방울방울
이어주는 시간도
기다리고

가다가 돌아서
찾아올지도 모르는 길
등불을 밝혀 기다리고
또 기다리고

붓글씨

이 담에 어른이 되어
큰일을 하겠노라
붓글씨를 썼다

책값을 받을 때마다
졸업하는 날 업어 드리겠다고
먹물을 듬뿍 묻혀
정성껏 붓글씨를 썼다

취직하면 불태운 땅을 몇갑절
찾아 올리겠다고
거짓말을 대문짝만큼 썼다

두메산골 눈감은 빈방
산더미 붓글씨 편지와 영양제가
꽁꽁 얼어 쏟아졌다

풀씨

날아가는 풀씨를
손바닥에
호 불었을 뿐인데
곁에 와서
울타리가 되었다

스쳐 가는 바람은
스쳐 가게 두고
기다리는 소식은
기다리게 두고

버리고 버린 만큼
넓어진 자리

풀씨 발목을 잡아본
그뿐인데
곁에 와서

울타리가 되었다
코스모스와 함께

과수원

몸으로 단물을 짜는
능금나무는 순하다
단물이 약이 되는
능금 향은 더 순하다

뿌리 밑에서
젊음의 목을 누르던
고백하지 못한 사랑 때문에
너무 익어버렸다

뒷산을 통으로 흔들어도
꺼내오지 못한 새벽
말하지 못한 꿈이 밤새
걸어간다

흩날리는
꽃가루 시절부터
속으로 속으로 단물이 고여
능금 향은 너무 익어 순하고 순하다

우리네 걸음걸이

물결은 흐르고
꽃가루도 흐르고
우리네 머리칼도 물굽이로 넘치네

새벽 안개 걷히고
어스름도 걷히고
항아리 가지런히 윤결이 나네

어제는 모래밭 별을 줍고
오늘은 얼음 호수 미끄럼 타고
살림살이 고만고만 넘어가네

빗길은 빗속에 흐르고
흰 눈길도 눈 속에 흐르고
우리네 걸음걸이 굽이굽이 흘러가네

갈잎 속에

산에 묻어 둔 갈잎 속에
우리 편지가 그대로일까

연필심에 침 발라
고쳐 쓰고 눌러쓴
못난 글씨도 그대로일까

세상에 하나밖에 없는 우리가
되고 싶다고
너와 나
하나로
다만 하나로
묶어서 묻어둔 약속이
갈잎 속에 아직 있을까

골짜기 맑은 물에
우리 노래도 흐를까

처음 부르는 사랑이
목에 걸려 콧물 흘리던 가락이
아직 있을까
흘러가고 있을까

물속의 물

아침 물지게로
항아리를 채우면
그날 하루가 넘쳐흘러
흐르는 내리막 경사가 좋았다
치마 주름
가지런히 멋진
경사길이 좋았다

풀잎에 이슬도 아까워
집을 지을까 말까
풀잎에 스며들기 좋았다
스며들기

바늘 끝 한 방울
허락되지 않을 때
있는 듯 없는 듯
원두막 줄타기가 좋았다
줄타기

검은 밤 지붕을 타고
도망치지 않아도 멀리 와 있어
물은 늘 멀리 흐르고
바라보기 좋았다
멀리서 바라보기

털어 버리고 버림받은 후
씻기고 닦이고 낮아졌다
깊이깊이 가라앉아
바닥의 물이 되고
다시 물이 고였다
그리고
끝내 물속의 물이 되고 말았다

등 뒤에서

겨울 노래는
등 뒤에서 불러야 하리

추위를 뒤에서 껴안아 주고
눈 덮인 소나무를
감싸 안아주고

털실을 풀어 빙빙
함께 살아가는 목도리로
가까이 묶여야 하리

겨울 노래는
강 아래로 흘러야 하리

얼음을 돌아오게 하고
물고기를 돌아오게 하고

동네마다 갈대를 엮어
벽마다 귀 기울이며 듣던 노래
추위를 껴안아주며
겨울의 등 뒤에서 불러야 하리

문틈에 꽂았다

내 마음 둔 곳은
예전에
키 큰 옥수수밭이었다
깊은 우물이었다
그리고 이제
허허벌판이다

내 마음 잃은 곳은
분명치 않다

새 둥지인가
드려다 본다
대나무 소쿠리인가
뒤집어 본다

주머니에
가방에
들락날락 내 마음

이제
코구멍
신발장 앞을
서성거리다
문틈에 꽂아놓고 말았다

손가락

달리는 차 안에서
손가락이 쏘옥

옆자리 젊은 엄마 등에서
아기 손가락이 쏘옥
내 손을 잡는다

말랑하고
황홀하고
간지러워

아기에게
스르르
나를 맡긴다

아기는 내 손이
장난감인 줄 안다

깨물고 꼬집고 비틀고
곰실곰실 괴롭힌다

엄마는 아기가
조용하여 편하고
손을 맡긴 나도
아기가 향긋하여
스르르 눈을 감는다

천년의 웃음
— 미당의 추억

한 접시 풋고추 안주로
신라의 웃음을 웃는 이
가시내의 머리카락을
춤추게 하는 이

연꽃을 만나고
바람을 만나고
돌아서지 못하게 합니다

'영영 이별은 말고
다시 만나기로*' 하는
그런 이별 때문에
우리는 아직 이별을 모릅니다

조금 섭섭하고
아주 섭섭하지 않은
그런 쓸쓸함은 무엇입니까

머리에 석남 꽃을 꽂으면
죽었다가도 살아난다는
전설을 믿게 하는 이

천년을 다섯 살
아침의 웃음으로
죽지 않는 전설을 믿고 싶습니다
눈물 나는 천년의 웃음으로

*미당 시 '연꽃 만나고 가는 바람 같이'에서.

3부

맹물

두 사람

흐린 날
고궁에서 두 사람을 본다

묵묵히 걸어가다
꺼져버린
두 사람

묵묵히 걸어도
유리벽에 남는다
고궁에서 만나
역사가 되려다
수상한 전설이 되고 만 두 사람

배고프게 껴안고
목마르게 헤어졌다는
고궁의 전설

오래된
바람기둥에 나란히 서서
감당하지 못한
먹구름으로
두 사람은 떠돌고 있다
흐린 날이면
묵묵히 걸어가는
두 사람의 눈물을 본다

가출

열차는 가출을 기다린다
바람 부는 날
누군가의 가출을

풀잎은 흔들리고
휘청거리고
붙잡을 데가 없다
희미하지만 누구인가 걸어오는
기침 소리
안개밖에 붙잡을 데가 없다

경춘선 끝자락
저편에서
흔들리고
휘청거리고
80대의 가출
톨스토이가 걸어온다

얼굴들

새벽시장에서
만나는 찬 이마 검은 광대뼈
뼈가 있다

통학버스에서
뺨 비비며 엎어지는
얇은 껍질이 있다
살 껍질이 있다

그리고 한낮이 다가오는 시장기
누님 국수 집에서
장터 국수를 길게 빨아들이는
순한 웃음이 있다
웃음이 있다

이른 저녁
대나무 자리를 깔고 엎드려

꼼꼼 글씨를 찍어내는 뾰얀 목덜미가 있다
목덜미가 있다

어느새 한 풀 늦은 밤
땀 축축, 술 눅눅,
돌소금 섞인 삶의 냄새
고달파라
고달파라
밉지 않은 주름살이 코앞에 있다
코앞에 있다

바람은 지나간다

개미 한 마리가
한 톨의 콩알을 떠메고
태산인양 짊어지고
동굴을 찾아가는 동안
바람은 지나간다

개미의 사춘기가 지나간다

혼자 남은 아기가
얼굴을 문지르다
아기의 눈이며 코를 비비고 만지다
코딱지를 금딱지를 집어들고
휴지통으로 가는 동안
바람은 지나간다

쓰레기를 버릴 줄 알아가는 동안
순수의 신화는 지나간다

우리가 길에서 비를 맞다가
길을 잃고 헤매는 동안
고개 넘어 역사는 바뀌고
청춘은 떠내려간다

다시 한 톨의 콩알을 찾아내는데
한 생애가 지나간다
태산의 그림자가 지나간다

책꽂이

새벽 기차를 타면
하루가 남아돌아
허기진 줄 모르고
책꽂이에서
'자유'니 '정의' 같은
생마늘 냄새나는
문자를 뽑아든다

투명한 유리컵에
얼음물이 가득하면
갑자기 빈자리가 여유로워
'사랑'이니 '절망'이니
목을 조여도
아프지 않다

초저녁 동네 길을
신발 꺾고 걸으면
바람 냄새에 끌려

별을 따라갈 시간이
남아돌지만

'부활'이니 '해탈'이니
그리 멀지 않다

당신은 있다

지구의 어느 영토에도
당신은 없다

쪽빛 바다의 몸살도
녹이며 녹이며 살더니
모래사막 열병까지
구워먹고 살더니

박물관 구멍 뚫린 뼈들과
사랑한다고
볼 비비며
각혈을 하며
지구의 허물을 둘러업고 갔다

더 이상 내줄 게 없는
깎아지른 벼랑
독수리 날개는 정직하고

한 번도 의심한 적 없는
흙으로만 믿을 줄 알았던
항아리 기침을 그 밑에 두고 갔다

지구의 어느 영토 곳곳에
이제 당신은 있다

빙벽

한겨울 절정에
우리 빙벽은 얼어붙었다

정직한 직선의
성난 추위를
좋아하여

양 미간이 쭈그러드는
우물 속 거짓 없는 눈썹을 좋아하여
놓아 줄 수 없다

겨울 눈밭에 밀어 넣었던
참나무 숯 불과 고구마를 움켜쥐고
양 미간을 부르르 떨던
청명한 결핍

겨울 절정에 우리

아무것도 없는 빙벽으로
얼어붙어 봄까지 얼어붙어
이윽고 물이 되면

흐르리라
물이 되면

맹물

우리는 저들과 다르잖아요
부서져도 끝내는
물이니까요

불을 끄고
잿더미를 걷어 감싸고
흐를 줄 밖에
모르니까요

미쳐 날뛰는 불길
둘러업어 나르고
벼랑 끝을 뛰어내릴 땐
눈을 꼭 감지요
물소리만 물소리만 들었잖아요

뒤에서 따라오던
검은 연기도
물을 따라 물을 따라
여기 와 있잖아요

저들도 우리와
같아질까요

아무것도 모르는
맹물로 같이
흐를 수 있을까요

평온한 풀밭

평온한 풀밭
겉을 보고 그 속을 어찌 알았으리

천호동 개천 변에서
몽촌토성이 나올 줄 어찌 알았으리
신안 앞바다에서 고려청자, 백자가 쏟아질 줄을

땅을 파면 역사가 나온다

뜨거운 화상을 입어 아직도 끊임없이 아픈
중동의 사막 그 심장을 누르면
로마가 나온다
여왕의 대리석 목욕탕이 나온다

우리 가슴팍 어디에도
묻혀있는 옛날이 있다

평온한 풀밭
겉 보고 그 속을 어찌 알리
영영 잊혀질뻔한 우리가 거기 있다

작은 대낮

아이 손가락이 떨고 있다
가만,
나비 날개가 떨고 있다
화살이 날아가기를 멈추고
순간이 정지된다

병실에서 나온
아픈 손가락을 햇빛이 붙잡는다

나비 날개에 목을 걸어놓고
나비 날개에 뼈를 올려놓고
몽땅 빠진 머리칼
집게손가락은 노려본다

희망을 노려본다
가만,
날개가 파르르 떤다
우주가 멈춰 지켜본다

압록강 물병

— 한국전쟁 직후

여학교 강당에 군번 없는 학생 병사가 나타나
압록강에서 직접 물병에 담아온 강물을 내놓았다
“압록강 물입니다.”
“압록강…”
“압록강…”
합창을 하다 입술을 꾹 다물었다

여학교 강당에 얼음물이 쫙 깔렸다

어느 명절

임진강과 한탄강이 만나
아무 말 못 하는
물속이 있다

물속에서 붙잡고 뒹구는
기찬 명절이 거기 있다

송편의 속을 넣고
터뜨리지 않으려
해마다 물속의 기도는
오르락내리락
중간이 어지럽다

강 마을 장날은 저물고
멀리 가고 싶은
새 신발은 동났다

마른 나물과 뿌리가
기름 냄새나지 않게
꼿꼿이 만나
꼿꼿이 돌아서는
새파란 풀밭이 아직도
중간 토막 그 가운데 출렁이고 있다

인력거

인도 칼커타의 인력거꾼이
웅덩이 물속으로 인력거를 끈다
구정물 철퍽이는 빗길을 미끄러지며
비틀거리는 인력거를 끈다

'10루피' '5루피' 요금 흥정을 마치면
당나귀마냥 인력거는 달린다

인력거 위에선 미끈한 다리가 들썩들썩
콧노래를 흘린다

더러운 구정물에 발을 담그지 않는 건
일력거가 이끄는 앙상한 어깨 뼈 덕이 아니라
'10루피' '5루피' 덕이라고 내뱉는다

해 질 녘 타는 노을가에
병든 인력거를 세워놓고

'10루피' '5루피' 하루 수입에 침을 묻힌다
곁에 없는 아내와 아들이 눈에 찔린다

손금

상아 조각 같았던
손

물에 젖어
소금물에 부풀어
거북이 등가죽으로 갈라지고
홍시감 껍질로 잡아당겨
찢어진다

지워지고
흐릿하고
자주 놀던 마당도 꽃밭도
어디론가 사라졌다

젖은 손
손금이 집을 찾아가는 길
작은 불빛 골목길에

상앗빛 손가락이
파르르
솟아난다

은행나무 천년
— 청주 중앙공원

기분 좋은 날 청주 사람들은
중앙공원에 간다

청주 시인들은
시를 쓰고 나서
나무 곁으로 간다
앉아도 되는 자리
마련한 듯
넉넉히
은행나무 천년
등에 지고 앉는다

바람 상큼
싱그러운 날
졸업식 결혼식 치르고
청주 사람들은
공원에 간다
은행나무 머리에 이고
사진을 찍는다

시를 쓰고
상을 타고
시인들은 공원에 간다
문학상! 충북문학상!
사진을 찍는다

결핵 요양병동의
신동문 시인도
공원에 나와 사진을 찍고
은행나무 천년
하루같이
아프지 않다
아프지 않다

기분 좋은 날 청주 사람들은
공원에 간다
은행나무 곁으로 간다

4부

연초록은 떨고

누가 꽃의 마음을

누가 꽃의 마음을 얻을 수 있을까

꽃이
마음의 말을 참아내고 있는 사이
마음의 말을 준비하고 있는 사이
향기가 말을 한다

꽃이
입을 열까 봐
말을 할까 봐
향기는 떨고 있다

함지박

나누고 나누다 맨 나중
내 몫으로 남긴
혹싸리꽃

무릎 아래
먹이고 먹이다
내 몫으로
담을 게 없어진
함지박

햇살과 바람이
놀다 간다

구름과 안개는
자고 간다

봄의 눈덩이

봄의 그늘에
겨울을 따라가지 못한
흰 눈덩이
웅크리고 앉았다

얼지도 못하고
녹지도 못하고

스치면 부서질 듯
부끄럽게 앉았다

웅크린 사랑은
녹일 수가 없다

봄의 그늘
저만치
겨울을 따라가지 못한 나뭇가지 끝에도
얼어붙은 눈물이 있다
아무도 건드릴 수 없는 사랑이 있다

시간 냄새

항아리를
받아 안고

백제에서 신라로
시간의 냄새는
흐른다

솔잎 향 켜켜이
내리깔린다

내려와 내려놓고
흙 속에서 물속으로

저수지 근처
풀 이끼 사이로

잠 못 드는 별빛이
스며든다

오래 아픈 정신의 먼지
한장 한장
솔잎 향 켜켜이
눌러 퍼진다

꿈꾸는 사랑

꽃은
꿈꿀 수가 없어

꽃밭에 머물러
스치다 사라지는
향기일 뿐
날아가는 꿈을
잡을 수가 없어

한 번뿐이다
오직 이 순간
평생 단 한 번 뿐이다
다시 못 만날
사랑이라
두고두고
꿈으로만 만나는
사랑이라

꽃잎에 이슬이
미끄러질 때
그러나 순간
꽃은 마음을 흘린다

심장 깊숙이
한 방울
마음을 흘린다

꿈꾸는 사랑을

쑥국

쑥국으로 다스리는 병이 있다
울음 우는 목젖은
쑥국이 달래야 낫는다
밤새워 우는 개구리도
찢겨진 목젖은
쑥으로 달래야 낳는다

연못가의 이슬은
달밤이 만든 눈물이지만
그 젖은 얼룩마저
쑥국으로 달래줄까

우리 사이 깊은 강이
미끄러지고
미끄러지고
저 멀리 밤새워
신음하는 강둑을
쑥국으로 달래줄까

우리는 다시

늦은 봄은
떠나지 못하고
초여름은
들어서지 못하고
끈적한 이맘때
비좁은 숨통 안에서
우리는 끈적하게 손을 잡고

종일 풀밭에 앉았다가
강가에 앉았다가
새가 되는 걸 아껴둔다

어느새 다시 이맘때
또 다른 봄이 오면
꽃비 오는 풀밭에 앉았다가
강가에 앉았다가
잠드는 게 아까워
우리는 다시 손을 잡고

연초록은 떨고

어느새 실바람이 목덜미에 닿고 갔는가
연초록은 간지러워 한 바퀴 돈다
까르르…
비비고 문지르고 두 바퀴 돈다
어린 새들은 놀라서 날아가고
까르르…
뒤집히는 희열,
가라앉아도 끝자락에는
언제나 초록이다
살에 닿지 않아도
계속 초록이다
초록은 간지러워 한 바퀴
두 바퀴
까르르
부르르 떤다

약속은 현기증

봄 냄새인가
야릇한 어지럼증
나비는 문득 다가왔다
날아갔다

어느새 귓가에
가지런히
내일모레 약속을 끼워 넣고
풋살구 언저리를 서성대다
날아갔다

약속은 현기증
날아간
나비를 이리저리
더듬는다

빗속을 간다

빗속을 간다
질척이는 갈망이 수상하다
자꾸 따라와
따라와 미끄러지며
시온성을
젖어서 간다

터진 신발에 빗물이 밀려와
밀려와
갈망이 위험하다
찢어진 시간에
빗물이 위험하다

어디서 비를 피해 사는지
잡초 풀씨라도 얻어다
먹고 사는지

빗속을 걷는다

절망은 미리 알고 앞질러 가고
시온성 내리막을
수상한 갈망이
젖어서 간다

안개 낄 무렵

여름밤 어디라 일러두지 않았지만
소낙비 머문 웅덩이면 어떠리

둘러보고
둘러보아도
기댈 데가 없어
바람이 주저앉은
풀잎이면 어떠리

몇 조각 여름 빨래 마르면
젖었던 새털도 머리카락도 함께 산뜻하고

맨바닥 홑이불
얄팍한 대로
모자란 대로
삶은 감자는 터지리

여름밤 어스름이 따로 없지만
안개 낄 무렵이 어떠리
물가의 안개 낄 그 무렵이

매미

나무 그늘 한 조각이
고마워 운다
처음 마신 여름 바람이
싱그러워 운다
한 번도 웃어본 적 없는 목청은
뿜어낼 때 녹아든다

한꺼번에 울리는 합창은
지구를 흔든다

나무 아래
그늘 아래
짧게 살고 가는
결이 고운 노을 속에
마지막 화음은
여름을 찢는다

풍경

꽃무늬 부채가
더위를 날리며
약수터로 오르는 길

여름밤이 스쳐 간다
어디서 핏츠 제랄드의
째즈 시대가 흐른다

편의점 앞은 비어 있고
가느다란 불빛이
새어 나오고

하나님이 앉았다간
플라스틱 의자에
길 잃은 아이가
별을 보고 있다

여름 돗자리

여름날 이맘때
바람이 빈 구멍을 드나들 때

고구려 설화 속의 돗자리를
보고 왔지

해모수와 유화부인이
잠자고 간 여름밤을
보고 왔지

돗자리 아래 풀벌레가 훔쳐다 준
안개비를 맞고 왔지

여름날 이맘때
바람이 어스름을 드나들 때

5부

오래된 노을

통증

잘못이 없어도
사람은 아프다

봄날을
허송한 일
가을을
낭비한 죄가 크다면
찌르는 바늘 끝에
맨발로 서리라
잔디밭 가장자리
길을 좁혀
얇아서 밟히는
안개로 서리라

태풍 속에
문 두드리는
목소리
낮은 곳마다 아프다

긴 날은 기다리다 보내고
짧은 날은 헤아리다 놓치고

태풍 속에
문 두드리는 소리

사람은 잘못이
없어도 아프다

오래된 노을

오래된 노을이 다가왔다
수수밭에 세워 둔 허깨비 하나를 찾아
구멍 숭숭 낡은 옷으로 걸어왔다

빛바랜 담장은 허물어지지 않는구나
흐릿하고 초라할수록 무너지지 않는구나

떨어진 나뭇잎새는 바스러지면서
비로소 웃음 짓는다
두 손 비비면서 웃어넘긴다

잘 빚은 송편처럼

익은 반죽 익은 가슴
눌러 눌러 속을 담고
잘 빚은 송편처럼
꽃 대궁 울타리를 넘보았지

곰보네 방앗간에서
떡가루를 빻을 때부터
잘 빚은 송편처럼
해사한 선비의 방을 꿈꾸었지

떡 반죽은 찰지고
인자하고 점잖은 결이 흐르고
술 누룩도 덩달아 깊고
도도하게 틈을 메우고

처음부터 눌러 눌러 오므려 붙은
잘 빚은 송편처럼 백자등잔 앞에 앉아

떨리는 등불을 꿈꾸었지
타는 노을을 엿보았지

가는 줄 모르고

가는 줄 모르게 안개는 걷히고
풀잎에 매달린 여름날은 그렇게

모르고 버린 이름이 눈을 비비고
모르고 찢은 약속이 손을 비빈다

오는 줄 모르게 빗물은 넘치고
꽃가루 흩날려 봄날은 그렇게

모르고 스친 사랑이 바늘로 찌른다
모르고 모르고 살아서 그렇게 찌른다

가는 줄 모르고
오는 줄 모르고

유리잔의 얼음

유리에 실금이 가면
포도 무늬 숨결을 따라
조용히 가루가 된다

오래 감춘 너의 눈망울이
조각조각 번뜩인다

티끌 없는
무균질의 광채는
그래서 아프다

너의 눈망울 속
하늘은 비를 고이게 하고
생각은 쉬었다 가게 하고

얼음의 광채
그래서 시도 때도 없이
아리다

때를 맞추어

때를 맞추어
쌀쌀해야 하나요

어린 철새는
떠나가는 때를 늦추어
머뭇거리면
안 되나요

풋감에 맛이 들고
알밤이 입을 열고
마른 잎 떨어지는 일이야
하는 수 없지만

머뭇머뭇 견디는 이별을
그 자리에 더 두면 안 되나요

꼭 쌀쌀해야 하나요
때를 맞추어

길

잃어버린 게 있어
찾아온 게 아닙니다

꽃나무 아래는
그대 걸어간 발자국
산그늘 아래는
그대 쉬어 간 그림자

물길은 앞선 흐름을 연달아 흐르고
새들도 바람결을 줄지어 나르고

우리도 그렇게 살고파 하염없이
따라가고 있습니다

바구니에 담을까

포도 한 송이를 고른다
바구니에 담을까
버릴까
들었다 놓고
들었다 놓고

사과 한 알의 건강을 고른다
향기를 담을까
무게를 담을까
들었다 놓고
들었다 놓고

너무 가까이 다가섰다
바구니에 나를
담을까
버릴까
들었다 놓고
들었다…

너에게 간다

태어나 첫걸음부터
너에게 간다
천천히 천천히
더듬어 간다

강 건너 풀꽃으로 웃으며
너는 늘 아득하지만
나에게 온다
천천히 천천히
웃으며 온다

너에게 가려고 햇살에 말려둔
뽀얀 운동화를 갈아 신으면
그때를 기다려
너는 거기서 온다
아득하게 온다

트럭 타고 가신 선생님

비 오는 날은
책을 덮고 사랑 이야기를 들었다
여학생들은 떼를 쓰고
선생님은 이야기 주머니를 풀었다
전쟁과 사랑
이야기는 아프고
끊임없이 흐르는 빗소리에
교실은 훌쩍훌쩍 젖은 풀숨이 되었다

선생님이 트럭 타고 군대 가던 날
다 낡은 단어 책을 손에 집어 주고
다시 못 올 길처럼 돌아섰다
트럭 타고 간 선생님은 소식이 없고
전쟁은 끝나도 끝나지 않았다

우리는 처음 사랑을 배웠고
비 오는 날마다

빗소리에
트럭 엔진 소리를 듣는다
묵은 종이 냄새로
사랑을 맡는다

■ 해설

동서양 사상과 시작법과 삶을 아우른 웅숭깊은 순수서정

이경철(문학평론가)

"날아가는 풀씨를/손바닥에/호 불었을 뿐인데/곁에 와서/울타리가 되었다//스쳐 가는 바람은/스쳐 가게 두고/기다리는 소식은/기다리게 두고//버리고 버린 만큼/넓어진 자리//풀씨 발목을 잡아본/그뿐인데/곁에 와서/울타리가 되었다/코스모스와 함께"

—「풀씨」 전문

아! 1950년대 개결한 서정이여, 재앙 됨이여

박정희 시인의 열 번째 신작시집 『아, 두만강』 시편 원고를 읽는 내내 온몸이 찌르르 떨려왔다.

등단 55년인데도 이리도 풋풋한 감수성과 참신한 시작법, 거기에 물 흐르듯 자연스레 흘러드는 깊이에 모골이 송연해왔다. 그러면서 1950년대 시인들의 개결하면서도 동서양 정신과 시 문법을 아우른 서정에 대한 우리 시단의 세대론적 외면이 아프게 다가왔다.

외래 문예학적 지성과 사회과학적 비판과 이념으로 무장한 소위 '4·19세대 문인'들의 득세는 1960년대 이후 계속되오며 1950년대 문학을 의도적으로 외면해오고 있다. 아니 동서고금 인문학적 지성의 총화로서의 휴머니즘과 6·25 폐허 위에서 더욱 절실했던 실존의식에 바탕 한 실험 정신이 일군 1950년대 좋은 시에는 4·19적 자유지성이나 이념으로는 근접할 수 없는 우주적 감응의 서정적 자질이 있다.

박정희 시인의 이번 시집을 읽는 내내 '창비'와 '문지'로 대표되는 4·19세대의 이념과 지성이 배제해버린 그런 1950년대 시인들의 웅숭깊은 서정이 떠올랐다. 특히 프롤로그로 올린 위 시 「풀씨」를 읽으며 그 맑고 무상(無償)한 서정에서 박용래, 천상병 시인의 순수서정 시편들이 함께 어른거렸다.

"나직한/담/꽈리 부네요//귀에/가득/갈바람이네요.//흩어지는 흩어지는/기적(汽笛)/꽃씨뿐이네요."(박용래 시인의 「추일(秋日)」 전문)이라는 시와 같은 공감각이 온몸으로 잡혀 왔다. 시인과 더불어 우주 삼라만상 스스로 오감을 동원해 꽃씨 같이 흩어지고 또 흩어져 기적 소리 같이 이내 떠나고 사라져야하는 가을날의 환하도록 쓸쓸한 정취를 군더더기 없이 맑고 밝게 드러낸 서정. 그리고 생래적일 정도로 육감적인 우주적 감수성과 모더니스트로서의 참신한 기법이 어우러진 박용래의 「추일(秋日)」과 박정희 시인의 「풀씨」가 한 통속으로 들어왔다.

"산등선 외따른 데,/애기 들국화.//바람도 없는데/괜히 몸을 뒤뉘인다.//가을은/다시 올 테지.//다시 올까?/나와 네 외로운 마음이,/지금처럼/순하게 겹친 이 순간이—".

있던 모든 것들이 다 비어가고 투명할 정도로

환한 햇살 아래 가난하고 외로운 마음만 남는 가을의 서정이 순하게 와 닿는 천상병 시인의 시 「들국화」 전문이다. 난해하고 구구한 서정 시학의 요체인 동일성과 순간성, 서정의 감동 그 자체를 군더더기 하나 없이 시로써 단도직입적으로 보여주고 있는 이 「들국화」와 「풀꽃」 역시 한 혈육으로 내겐 떠올랐다.

서정성, 그것은 너와 나, 사물과 사물이 행복하게 만났던 관계의 순간적 회복이다. 너와 나, 삼라만상이 유기체라는 동일성의 시학과 과거, 미래가 현재 이 순간에 함께 있다는 순간성의 시학이 서정의 핵이다. 지성이나 철학, 종교 등의 확신이나 이념의 완전무결 대신 개체들의 유한성, 개별성의 현실에 몸담고 있으면서도 영원 속에서 하나 되고픈 우리네 본디 마음을 순하게 드러내 보여주는 게 순수서정이다.

「풀씨」는 그런 순수서정이 시를 이끌어가고 있다. 아니 그런 순한 마음자리가 우리 생 자체를 아주 자연스레 이끌어가고 있다. 풀씨와 코스모스와 한 울타리 안에 사는 삶에서 바람이 아주 자연스레 인간사, 우주의 소식을 들려주고 있다. "버리고 버린 만큼/넓어진 자리"라는 우리네 마음의 본디 자리, 우주의 도(道)를 내주는 시가 됐다. 이처럼 박정희 시인의 이번 시집을 읽으며 개결하고 의연한 순수서정의 해맑은 깊이가 싸하게 온몸과 혼으로 밀려들어 왔다.

유년의 고향 두만강에 젖줄을 댄 원광석 같은 서정의 결기

얼음은 금이 가고
갈라질 때
입술을 연다
최초의 입김으로
찢어지는 신음을 낸다

얼음 강 밑으로

죽어서 흐르던 핏줄도
깨진 얼음벽에 기대어
꿈틀 일어난다

녹아라
녹아라
녹기 전에 갈라진
얼음벽 사이
날아가던 물새가 물끄러미
들여다본다

이번 시집의 표제작 「얼음강의 신음 -아, 두만강」 전문이다. '아, 두만강'을 부제로 단 연작시 18편을 1부에 묶었을 정도로 두만강은 시인의 시의 원천이다. 두만강을 뒤로 둔 함북 길주에서 태어나 유년을 거기서 보내다 실향민이 된 시인에게 고향은, 두만강은 그야말로 훼손되지 않은 시의 원향(原鄕), 이데아이다.

"갑자기 '두만강'이 밀려왔다. 지난 시대 격랑의 파도를 헤치고 떠올랐던 파인(巴人)의 '국경의 밤'과 함께 수면 위로 벅차게 밀려왔다. '두만강 뱃사공'을 기다리다 수년 전 떠나가신 어머니가 보이고, 북간도 용정에서 갈래머리 여학교를 다녔다던 흑백 영상이 나의 무딘 쪽지글로 구석구석에서 쏟아져 나왔다."

'시인의 말'에서 밝힌 대로 두만강은 시대의 격랑을 헤치고 시의 원향으로서 시인에게 떠오른다. 그 서사구조는 파인 김동환의 『국경의 밤』 같은 장편 서사시집 『다시 만날 그날까지』를 펴내게 했다. 그 시집에서 시인은 "함경도 명천 가까이/물 맑은 길주땅/읍내에서 시오리/외진 길갓집"에서 태어나 남북은 물론 중국, 러시아 등지로 헤어진 혈육들의 이야기를 담고 있다.

두만강은 이렇게 분단과 그로 인한 이산의 아픔, 민족의 현실을 품고 시인의 시에서 시대적, 서사적으로 흘러내릴 뿐 아니라 빛나는, 개결한 서정의 원향이 되고 있다. 위 시에서 흩어진 혈육상봉이나 통일염원 따위의 서사는 제목에서 '아,'하는 한스런

감탄사로 터져 나왔을 뿐 본문에서는 냉정한 서정이 얼음처럼 빛나고 있다.

"온 누리가/핏빛 눈물에 젖는다.//어디서//입술을 깨물어 뜯는/서러운 결심이/있나 보다.//꿈이/재가 되어 버리는/무서운 불길에서//이제/그 긴긴 울음은/끊어져 가고//깊은 골짜기 구비 구비로//빠알갛게/전설(傳說)이 핀다."

1958년 『현대문학』을 통해 등단하기 2년 전인 1956년 여원 신인문학상 수상작인 「노을」 전문이다. 시인의 회고에 따르면 서정주 시인은 이 시를 뽑고 나서 "고독의 정리와 체념"에 주목하며 어떻게 스물 갓 넘긴 처녀가 이런 체념의 시를 썼느냐 물었단다. 20대의 고독과 체념의 "서러운 결심"을 깨물어 뜯던 그 '입술'이 한세상 참 정숙하게 살아내고 위 시 『얼음강의 신음』에 와서 최초인 양 "입술을 연다". 55년여 시력(詩歷)이 개결하게 쌓인 탓인가. 처음 감상의 화염에 함몰되거나 자학(自虐)과 작

위(作爲)의 설익은 입술이 이리 아주 자연스레 익은 각성과 결기로 이제 신생(新生) 혹은 소생의 입술을 열고 있으니.

얼음처럼 차고 냉정한 입술이면서도 "녹아라/녹아라" 반복하는 주문으로 소생과 통합을 염원하고 있으니. 북풍한설에 떨굴 건 다 떨구고 의연히 서 있는 추사 김정희의 「세한도」 같은 비장한 강단(剛斷)에 모골이 송연해지는 시가 「아, 두만강」 아닌가.

"한국 여성 특유의 정숙과 순결의 시인", "감춤과 한의 미학" 등등이 그동안 이뤄진 박정희 시인과 시세계에 대한 평이다. 그런 여성 특유의 정숙함으로, 감춤과 한의 미학으로 이번 시집에서는 고향 두만강이 일파만파 소생의 신화를 낳고 있다. "날아가던 물새가 물끄러미/들여다본" 그 두만강 "얼음벽 사이"에는 서정의 원광석이 빛나며 순수의 신화를 낳고 있다. 동서양의 사상과 갈수록 긴장돼가는 언어의식으로.

진실한 마음과 공교로운 수사가 어우러진 진정성의 시학

"잘못이 없어도/사람은 아프다//봄날을/허송한 일/가을을/낭비한 죄가 크다면/찌르는 바늘 끝에/맨발로 서리라/잔디밭 가장자리/길을 좁혀/얇아서 밟히는/안개로 서리라//태풍 속에/문 두드리는/목소리/낮은 곳마다 아프다//긴 날은 기다리다 보내고/짧은 날은 헤아리다 놓치고//태풍 속에/문 두드리는 소리//사람은 잘못이/없어도 아프다"(「통증」 전문)

위 시의 앞뒤를 열고 닫는 시인의 진술처럼 잘못이 없어도 사람은 아프다. 봄날은 와 있는데도 기다림만으로 허송해서, 날로 비어가는 가을은 낭비해서 아프다. 긴 날은 기다리다 보내고 짧은 날은 헤아리다 놓쳐 아프다. 처음부터 끝까지 아픈 게 인생이고 아파서 사람이다. 현실과 이상 사이에서 허우적거리는 고해(苦海)를 진술하고 생생하게 건네주는 순수한 방편이 시이다.

시인은 그런 아픔의 바늘 끝에 맨발, 맨 마음으

로 서는 자이다. 언뜻 부는 바람에 지는 잎새 하나에도 아프고 태풍 속에 문 두드리는 소리에도 마음이 덜컥 가라앉는 예민한 감수성의 소유자이다. 아픔에 대한 이런 순수하고 예민한 감수성이 적실한 표현력을 얻을 때라야 시는 비로소 다른 이들의 아픔을 태우고 고해를 건너는 감동을 줄 수 있다.

공자는 『예기(禮記)』「표기(表記)」편에서 "정은 진실되어야 하고, 수사는 공교로워야 한다(情欲信, 辭欲巧)"고 했다. 시는 그 뜻, 시인의 진정은 물론이고 표현에서도 진실을 귀하게 여긴다는 '시귀진(詩貴眞)'을 이른 것이다, 명나라 설선(薛瑄)도 『독서록』에서 "무릇 시문(詩文)은 진정에서 나오면 공교로워지니, 옛사람들이 폐부에서 나온다고 한 것이 이 말이다"며 진정성을 명편(名篇)의 요체로 보았다.

그러나 실제 창작에 있어서 가슴속 진정만 가지고 어찌 공교로운 시문이 술술 쏟아져 나오겠는가. 깁고 풀고 뜯고를 반복하는 각고의 공력 없이 어찌 천의무봉의 명편이 지어지겠는가. 심중(心中), 혹은 내용의 폭과 깊이의 진실성과 그것을 자연스레 형상화해 드러내려는 구체화의 치열성이 합치되어야 비로소 이를 수 있는 시문 최고의 풍격(風格)이 진정성일 터.

하여 아리스토텔레스의 『시학』에 비견되는 동양 최고의 고전문학론 『문심조룡(文心雕龍)』에서 유협(劉勰)도 진실한 감정에 따라 수사가 적절하게 운용되어야 이상적인 풍격에 이룰 수 있다고 하지 않았던가. "정(情)에 따라 문식(文飾)을 꾸미면 간결하면서도 진실되고 문식에 따라 정을 꾸미면 허황되고 과장된다"고 사이비 진정성을 경계하면서 말이다.

이처럼 시의 진정성이야말로 동서고금을 막론하고 시 창작과 감상 그리고 비평의 핵심일 것이다. 그러나 과도한 실험과 말장난, 아픔을 더 아프게만 하는 위악적인 시들이 난무하며 이런 진정성마저 '시의 미신'으로 까지 치부해버리는 작금의 막된 시단에서 박정희 시인의 시들은 의연하다. 인간의 순수성을 지켜내려는 아픈 마음과 그 표현의 진정성에 있어서.

"말을 잃은 사람이 많다/더듬더듬 할 말을 찾는 동안/우리는/기다려야 한다//아픈 사람이/자리를 털고 일어나/걸어 나오는 동안/햇살은 오래 기다리고 있다//죽어가는 사람의 입에/방울방울/이어주는 시간도/기다리고//가다가 돌아서/찾아올지도 모르는 길/등불을 밝혀 기다리고/또 기다리고"(「말을 찾는」 전문)

기다림의 미학을 보여주고 있는 시이다. 호랑이는 아프면 햇볕 좋은 데에서 며칠이고 웅크리고 있다 다 나아서야 활동한다고 어른한테 들은 적이 있다. 우리네 인생 또한 그러하니 아픔을 당하거든 호들갑 떨지 말고 다 나을 때까지 기다리라는 것이다.

시 또한 그렇다. 우리네 일상 언어로, 설익은 언어로 어찌 우리네 아픔의 깊은 곳까지 전하고 치유할 수 있겠는가. 도가(道家)의 "말로 이를 수 있는 도는 진정한 도가 아니다(道可道非常道)"라는 말과 선가(禪家)의 "언어도단(言語道斷)"도 언어와 표현 등 소통의 성긴 그물에 진정, 순수, 도라는 것들은 다 빠져나간다는 말 아니겠는가.

그래서 도사나 선사들은 입을 다물거나 그걸 묻

는 이들에게 '할'하고 일갈하지만 시인들은 시라는 방편으로 그런 순수한 것들을 진정으로 전하려는 존재이다. 그런 말, 표현들이 자연스레 솟아오를 때까지 무진 애쓰고 기다리고 또 기다리는 사람이 시인이다.

위 시 「말을 찾는」은 바로 삶과 시의 그런 기다림의 미학을 잘 드러내고 있는 시이다. 시인도 한 20년간 시를 써나갔을 때 혹 감상(感傷)에 함몰돼 있지는 않나 하고 반성한 적이 있다. 그런 끊임없는 반성과 기다림이 있어야 시는 비로소 팽팽히 긴장된 표현으로 순수에 근접해갈 수 있는 것이다. 그런 진정성 어린 시심과 표현이라야 남의 아픔을 치유해줄 수 있고 죽어가는 사람, 아니 귀신까지도 감동시킬 수 있을 것이다.

"웅크렸다 터질 만큼/자유로워 본 적이 있나/4월의 바람으로/머리 감을 줄 모르고/꽃무늬를 입고/꽃이 될 줄 모르고/젖은 모자를 썼다가 벗을 줄도 모른다/돌탑은 쌓을수록 높이가 오르고/울타리는 제자리를 돌고 나면/천하가 보인다/주어진 자유를 펼쳐 들고도/어디에 써먹을지/어찌할 바를 몰라/허리춤에 구겨 넣는다/집으로 오는 길/흙 묻은 발길은/아직 미쳐버릴 시간을/남겨두고 있다"(「자유로워」 전문)

제목처럼 아주 자유로운 시이다. 4월의 바람이 머리를 감는지 시인이 감는지, 꽃무늬가 꽃인지 꽃이 꽃무늬인지 주객(主客)이 혼동돼 있는 시이다. 제자리를 돌고 난 울타리가 천하를 본다거나, 어디에 써먹을지 모를 자유를 허리춤에 구겨 넣는다든가, 흙 묻은 발길에서 미쳐버린 시간을 보는 등 초현실주의적인 이미지도 드러난다.

언어와 대상이 기존의 꽉 막힌 의미와 기능에서 벗어나 제각각 생생히 살아나 자유를 만끽하며 활물론적 세계를 열고 있는 시이다. 그러면서도 기존의 것에 대한 부정, 이성과 합리에 대한 대안적 운동으로 끝나버린 다다나 쉬르레알리슴과는 달리 시인의 시는 기성의 의미와 이성의 끈을 완전히 놓아버리지는 않고 있다. 매양 새롭고 냉철한 언어와 이미지 실험으로 긴장된 시를 낳으며 기성의 것들에 훼손당하지 않은 우리네 마음 그 본디 자리를 보여주고 있는 것이다.

그렇지 않은가. 날아가던 풀씨 하나가 코스모스 울타리가 되고 그 울타리에서 천하와 우리의 본디 마음자리를 보는 게 삶이고 우주의 도 아니겠는가. 시인은 반세기를 훌쩍 넘는 각고의 시작으로 이런 자유로운, 순수한 시 세계를 이번 시집에서 자연스레 열어젖히고 있는 것이다.

인생과 우주의 섭리까지 드러내는 온몸의 시학

몸으로 단물을 짜는
능금나무는 순하다
단물이 약이 되는
능금 향은 더 순하다

뿌리 밑에서

젊음의 목을 누르던
고백하지 못한 사랑 때문에
너무 익어버렸다

뒷산을 통으로 흔들어도
꺼내오지 못한 새벽
말하지 못한 꿈이 밤새
걸어간다

흩날리는
꽃가루 시절부터
속으로 속으로 단물이 고여
능금 향은 너무 익어 순하고 순하다

— 「과수원」 전문

5월 미풍에 흩날리는 사과 꽃향기를 맡아본 사람은 알 것이다. 라일락꽃 같이 진하고 비릿한 내음이 아니라 순하고 달짝지근한 그 향기를. 잘 익은 능금을 베어 물 때의 그 순하고 순한 맛과 향을. 위 시 「과수원」은 그런 잘 익고 순한 능금 향을 소재로 하고 있다. 숱한 밤을 잠 못 이루고 뒤척이게 하던 젊음의 순수가 이제 순하디순하게 익은 향기로 흩날리는 시이다.

4행씩 4연으로 구성된 이 시는 우선 형태상 순하고 단정하다. 그러나 이런 단정한 형태에도 순하게 되기까지의 우리네 간단치 않은 인생사가 숨어있다. 순한 향과 맛을 순하게만 전해서는 시가 밋밋해지고 말 것. 해서 일상의 기대지평을 깨뜨리고 신선한 충격을 주는 시적 전략도 숨어있다.

첫 연은 2행씩 한 문장인 두 문장으로 이뤄졌다. 문장 끝에 "순하다"를 반복해 운율을 얻어 초장부터 시를 순하게 읽히게 하며 능금과 삶의 향기의 순함을 강조하고 있다. 꽃이나 과실이 아니라 나무의 온몸으로 단물을 짜내고 있기에 능금 향은 더 순하고 약이 된다.

둘째 연은 4행이 한 문장으로 이뤄졌다. 온몸으

로 단물을 짜내는 그 향기는 실은 젊은 시절 너무 간절해 고백하지 못한 사랑이 익은 향기임을 진술하고 있다. 셋째 연은 첫 두 행을 명사형 종결로 된 한 문장으로 본다면 첫 연과 같은 두 문장 구조이다. 둘째 연이 젊은 사랑의 고뇌의 진술이라면 셋째 연은 그 고뇌의 이미지, 초현실주의적으로 아주 통크고 낯선 이미지 묘사이다.

마지막 연은 한 문장을 네 행으로 차츰 길게 늘였다. "속으로 속으로", "순하고 순하다" 등의 반복법으로 더 길게 늘여가며 향기의 시공(時空)을 확산, 심화시켜가는 형태시학도 구사하고 있다. 그러면서 능금 향기가 곧잘 다독이며 기다려낸 삶의 향기임을 전하고 있다.

이렇듯 순하고 잘 익은 시로 보이는 위 시에도 시인은 온몸으로 삶의 순정성, 시적 진정성을 전하고 있다. "뒷산을 통으로 흔들어도/꺼내오지 못한 새벽"을 긴긴 젊은 날의 고뇌를 삭여 달고 순하게 전하고 있다.

"그대 곁에/우두커니 조용하면/닮아볼 수 있을까/닮아볼 수 없어도/비슷한 호젓한/척추를 세울 수 있을까//숨어들어/우두커니 조용하면/그림자는 몰라도/옷자락의 흔적을 만질 수 있을까//곁에서/우두커니 장승이 되어/곁에 살 수 있다는 게/얼마나 좋은가//장승이 되어/조용할수록/갈대도 산새도/얼씬 않는다/아무것도 없다/없다는 그것조차/알게 한다//우두커니/흙으로 만든 건강이/일러준다/오래 촌스럽게/건강하라고"(「그대 곁에서」 전문)

읽기에 아주 자연스럽고 순하게 흐르는 시이다. "있을까"라는 원망형 의문을 반복하며, 또 "얼마나 좋은가"라고 감탄하며 나약하면서도 아주 친숙하게 읽히는 시이다. 읽기와 보기에는 그래도 이 시는 결코 범접할 수 없는 깊이를 내장하고 있다. 여성적으로 나약하게 낮은 데로 흐르면서도 산도 뚫고 강도 새로 만드는 물 같은 시이다.

위 시에서 곁에 서서 닮고 싶고 같이 살고 싶은 그대는 "우두커니" 서 있는 장승이다. '우두커니'라는 부사는 네 번이나 반복되며 장승과 시인을 아예 한

몸으로 묶어가며 시의 진행을 이끌어가고 있다. 장승처럼 호젓한 곳에 우두커니 서서 조용히 살고 싶은 원망을 드러내면서도 "호젓한/척추를 세울 수 있을까"에서 경륜에서 우러난 녹록잖은 결기와 깊이를 들여다볼 수 있다.

동양철학, 도교의 정수인 무위자연(無爲自然)은 그냥 저절로 그렇게 되는 게 아니다. 장승처럼 호젓하고도 의연하게 척추, 근본을 세울 수 있을 때 우주 만물은 우두커니 그리되는 것이다. 그런 내공을 시인은 젊은 날의 정직한 고뇌와 끝없는 시작(詩作)의 실험으로 쌓아왔다.

특히 4연을 보시라. "장승이 되어/조용할수록/갈대도 산새도/얼씬 않는다"는 의연한 진술을. 여느 시인들 같았으면 호젓한 장승이 되어 갈대와 산새와 자연과 더불어 자연으로 살았으리라 했을 것이다. 친환경이니 힐링이니 하는 시류(時流)에 따라 소위 피상적인 생태시로 흘렀을 것이다.

그러나 그런 것들 얼씬 못하게 하고 "아무 것도 없다/없다는 그것조차/알게 한다"며 '색즉시공 공즉시색(色卽示空 空卽示色)'이라, 우주를 낳고 순환시키는 공(空)의 세계까지 의연하게 보여주고 있지 않은가. 그 공을 '장승'과 '우두커니'라는 언어로 형상화해내고 있는 시적 내공이 깊고도 진솔하지 않는가.

오늘 우리네 삶을 위무하는 순정한 서정의 위의(威儀)

"이 담에 어른이 되어/큰일을 하겠노라/붓글씨를 썼다//책값을 받을 때마다/졸업하는 날 업어 드리겠다고/먹물을 듬뿍 묻혀/정성껏 붓글씨를 썼다//취직하면 불태운 땅을 몇갑절/찾아 올리겠다고/거짓말을 대문짝만큼 썼다//두메산골 눈감은 빈방/산더미 붓글씨 편지와 영양제가/꽁꽁 얼어 쏟아졌다"(「붓글씨」 전문)

지도상에 분명 실재하는 지역인데도 어찌해볼 수 없어 그대로 그리움이 되어버린 고향이 있다. 나 역시 남녘 두메산골에서 태어나 울긋불긋 꽃대궐에서 자연과 한 몸으로 살다가 시인과 같은 열 살 남짓에 가족이 모두 서울로 올라왔다. 차차 나이 들어 학교, 직장 사회에 편입해 아등바등 살면서도 사랑, 우정, 그리움 등 온갖 순수한 것들은 모두 다 고향으로 내려보냈다.

위 시에서처럼 큼직한 붓글씨 쓰듯 그 순정한 마음, 그리움, 희망, 꿈 등을 내려보내면 우주 만물과 유리되지 않았던 고향은 그것을 고스란히 간직해 줄 줄 알았었다. 그래 나의 실재하는 이데아로서 고향은 늘 그렇게 있을 줄 알았다. 그러나 웬걸. 떠나와 수십 년간 그렇게 간직해온 고향이 어느 날 내려가 보니 그게 아니었다. 꽃도 나무도 산도 낯설었고 바다만 했던 저수지도 조그만 둠벙에 지나지 않게 보였다. 그래 하는 수 없이 뜬구름에 고향을 싣고 왔다.

아, 그러나 분단으로 확인해볼 수 없는 이북을 고향으로 지닌 실향민들에게 그 고향의 의미는 어떻겠는가. 지도상에 실재하는 이데아, 아직도 순정한 그리움으로 남아있지 않겠는가. 성장이나 이 풍진

(風塵) 세상과는 눈감은 그 두메산골 빈방엔 유년 시절의 그 순수가 더럽혀지지 않은 채 쌓여있지 않겠는가. 박정희 시인의 시편들은 바로 그 이데아로서의 고향, 두만강에 젖줄을 대고 무진장한 영양을 받고 있다.

"아직 거기 누군가 서 있다/깨지지 않은 물새 알을 품고 서 있다/바람은 차고 추위는 더해지는데/강둑에 홀로 서서/피묻은 새 다리를 어루만진다//(중략)//한목숨 할딱이는 물새 알 알 알/눈 비벼 헤아리면 별빛도 따라온다//아직도 그는 거기 서 있다/깨지지 않은 새알을 품고"

'아, 두만강' 연작인 「거기 누군가 서 있다」에서 볼 수 있듯 북풍한설 몰아치는 고향 두만강에는 아직도 누군가 서 있어 깨지지 않은 새알을 품고 있다. 눈 비벼 헤아리면 별빛도 따라오게 하는 그는 누구일 것인가. 시인의 훼손되지 않은 순수한 시심 아닐 것인가. 시인은 아직도 그 고향, 두만강이 있기에 순정한 시혼을 지키고 있는 것이리라.

"겨울에 음악은/물주전자를 춤추게 하고/구멍 뚫린 모직소매로/창 넘어 추위를 감싸 들인다/눈길에 떨어진/인형 머리의 리본을 찾아내고/성냥팔이 소녀와/과자를 주우러 같이 간다/음악은 주전자의/더운 입김으로 돌아와/유리창 얼음꽃을 그려주고/얼음 한가운데 웃고 있는/러시아의 마지막 공주를 만난다"

난로 위에 주전자가 끓고 있는 북국의 풍경을 냉정하고도 모던하게 묘사한 「겨울 동화 -아, 두만강」은 죄 없이, 뜻 없이 아름답다. 어린 시절 눈으로 동화적으로 판타스틱하게 그렸으면서도 물주전자 소리를 음악으로 듣고 모직소매 촉감으로 추위를 감싸 안고 유리창 성애에서 공주를 보고 또 성냥팔이 소녀라는 동화도 떠올리고 있는 온몸의 공감각과 인문적 교양이 절묘하게 어우러진 시이다. 춥지만 이 따스하고 교양적인 풍경 역시 유년의 고향에서 온 것이다.

"뚫어진 허공으로 열차가 들어온다/흰 수염의 가출과/도망친 임신이 걸어 들어온다/멈춰선 열차는 히쭉 웃었다//(중략)//어디다 놓고 왔을까, 녹색시대/눈밭에 치마폭을 깔고 앉아/무말랭이를 펼쳐 놓고/전쟁과 평화는 돌아서서 몰래 웃었다//순은의 백색 수염은 바람에 날개를 감추고/더운물에 우려낸 옥수수 밑으로 발가락을 내밀었다"

철도교통 요충지인 길주역으로 들어오는 기차를 묘사한 듯한 「철길에서 -아, 두만강」 일부분이다. 허공을 뚫으며 역으로 들어오는 기차와 달리는 증기기관차이기에 뒤로 허옇게 내뿜는 증기를 "흰 수염의 가출"로, 앞배 불룩한 증기기관차를 "임신"으로, 푸욱하고 증기를 내쉬며 멈춘 열차를 "히쭉 웃었다"라고 묘사한 첫 연이 인상적이다.

마지막 연에서 백색 수염이 바람에 날개를 감췄다거나, 옥수수 밑으로 발가락을 내밀었다는 묘사 부분에서는 유년의 순수한 기억 조각조각을 환상적으로 엮은 초현실주의 화가 샤갈의 그림을 보는 듯하다. "어디다 놓고 왔을까, 녹색시대"라고 묻고 있듯 시인은 유년의 고향 그 녹색시대에서 허공을 뚫고 들어오는 기차처럼 순정한 이미지가 달려드는 것이다.

"늑대는/추위 속에 혹독하게/사는 법을/익혔다//눈길을 달려/허기진 야성으로/먹이를 물어 와도/한 모금 마음대로/삼킬 수 없음을/길들였다//(중략)//달밤에 늑대가 울면/산 아래가 따라 운다//수수만년 지켜온 고향이/따라서 운다"(「늑대 -아, 두만강」 부분).

북녘 고향 추위 속 늑대가 혹독하게 사는 법에서 우리는 시인의 시작법을 엿볼 수 있다. 사냥을 해 와도 늑대는 덥석 먹지 않는다. 이리저리 살펴보고 뜯어보며 먹는다. 혹독한 추위에서도 그런 신중함, 기다림에 나오는 울음이기에 늑대가 울면 산도 고향도 삼라만상도 따라서 운다. 이게 곧 박정희 시인이 고향에서 체득한 시작법 아니겠는가.

유년의 고향 두만강에 젖줄을 대고 있기에 박정희 시인의 시는 순수하다. 실향이면서도 지도상 구체적으로 있기에 그 순수의 이데아는 실재하는 듯 생생하다. 또 고리타분하게 고향이니 순수니 이데아 타령이 아니라 오랜 경륜으로 인문적 교양과 현대적 시작법을 요리조리 버무린 서정이기에 참신하고 웅숭깊다.

시심과 시작법을 고향에 둔 이런 좋은 시편들은 '아, 두만강' 연작에만 갇히지 않고 시인의 전체 시세계로 확산돼가고 있다. 마지막으로 고향의 시혼에 젖줄을 대고 우리네 일상에서 건져 올린 시 한 편 다시 한 번 온전히 감상해보자.

새벽시장에서
만나는 찬 이마 검은 광대뼈
뼈가 있다

통학버스에서
뺨 비비며 엎어지는
얇은 껍질이 있다
살 껍질이 있다

그리고 한낮이 다가오는 시장기
누님 국수 집에서

장터 국수를 길게 빨아들이는
순한 웃음이 있다
웃음이 있다

이른 저녁
대나무 자리를 깔고 엎드려
꼼꼼 글씨를 찍어내는 뽀얀 목덜미가 있다
목덜미가 있다

어느새 한 풀 늦은 밤
땀 축축, 술 눅눅,
돌소금 섞인 삶의 냄새
고달파라
고달파라
밉지 않은 주름살이 코앞에 있다
코앞에 있다

— 「얼굴들」 전문

어떠신지. 술술 쉽게 읽히며 오늘날 우리네 삶을 돌아보게 하지 않은가. 고향에서의 어릴 적 삶이나 오늘날 도회에서의 고달픈 삶이나 그 얼굴이나 그 웃음에서는 똑같은 삶 아닌가. 우리네 일상도 순수의 이데아와 곧바로 연결돼 있음을 매 연마다 다시금 반복 확인시켜주고 있지 않은가.

고향 유년의 순정한 마음에서 펴 올린 오늘의 삶도 이리 고달프고 밉지만은 않은 것을. 그런 고향의 순정성으로 박정희 시인은 이번 시집에서 따라잡기도 버거운 오늘 첨단문명사회의 삶을 따스하게 위무하는 시의 위의(威儀)를 편안하면서도 정갈하게 드러내고 있는 것이다.

시력 55년, 이제 시단의 원로이면서도 예민하고도 풋풋한 원초적 감수성과 냉철한 이성의 자제로 긴장된 서정의 세계 계속 펼치셔 오래도록 후배들의 귀한 귀감 되시길 빈다.